W0331417

Christa Hüppchen

Ester

Hüppchen, Christa
Ester

ISBN 978-3-946876-41-0

© 2024 Sinnbild-Verlag, Gaggenau

Umschlaggestaltung: satz & more, Sigmaringen

Printed in Europe
1. Auflage 2024

sinnbild-verlag.de

Für meine Kinder und Enkel
Für meine guten Freunde

Erinnerung an meinen Großvater Friedrich

Mein Herz nimmt alle Formen an:

Des Christen Kloster, Götzenheiligtum,

Gazellenweide, auch des Pilgrims Ka'aba,

Der Thora Rollen oder des Koran.

Denn Liebe mein Bekenntnis ist!

Wo immer Kamele schreiten,

Liebe ist mein Glaube!

Ibn Arabi um 1200

Spätsommer in einer kleinen Stadt

Die Rosenpracht war üppig, schon wird das Licht weicher. Die fette Henne, die sich überall in meinem Garten verbreitet hat, beginnt zu erröten, um rosa Schirme aufzustellen, die lange Zeit vorherrschen, bis sie in schattierendem Braun dem Schnee Fläche bieten, kleine Häubchen zu platzieren.

Die Stadt ist zauberhaft im Übergang von Sommer zu Herbst, wenn im Dahliengarten noch einmal große bunte Sonnen sich öffnend verneigen. In aller Farben Pracht ist der Gang durch die Lichtenthaler Allee bis zum Kloster der Cistercienserinnen ein Traum, jährlich neu gelebt.

Dort zieht es mich immer zur Schlüsselmadonna. Im großen Völkerkrieg hatten die Nonnen, bevor sie in den Wald flüchteten, der Madonna den Klosterschlüssel über den Arm gelegt. Sie soll die einfallenden Soldaten mit sich bewegendem Arm oder gar als hohe Lichtgestalt in die Flucht geschlagen haben. Und das Kloster wurde verschont, eines der wenigen Klöster.

Ähnliches berichteten die Frauen auch von der Naziherrschaft: Maria hatte sie gerettet.

Ich durfte als Kind meinen Vater ins Kloster begleiten und hatte vieles zu entdecken, während er die Äbtissin beriet. Vor Weihnachten gab es eine Handarbeits- und Kunsthandwerk-Verkaufsausstellung, eine Fundstätte für außerordentliche Geschenke. Das Gebäck, das man verkosten durfte, war „göttlich". Die Springerle aus der Klosterbäckerei unübertroffen.

Die Fürstenkapelle mit der Grablege der Badischen Markgrafen und ihren Schätzen faszinierte das kleine Mädchen, vor allem die Kinder der Heiligen, die am Annenaltar zu Füßen der Eltern sitzen, so Jakobus und Johannes. Und obwohl die Mutter Maria Salome aus einem großen Buch vorliest, blättert der kleine Johannes im eigenen Büchlein. Zebedäus, der Vater, beeindruckt durch seinen Namen. Im rechten Altarflügel spielen gleich vier Kinder mit Heiligenschein zu Füßen der Eltern. Diese Kapelle ist ein Spielplatz für die kindliche Fantasie, leider heute nur zeitlich begrenzt mit Führung besuchbar.

Einige der geschätzten Heiligen sind ins Museum nach Karlsruhe geraten, die Heiligen Drei

Könige hatten wie immer einen weiten Weg, sie wanderten bis nach „The Cloisters“ im Norden von New York.

Seit 1245 beten ununterbrochen diese Frauen mit großer Haube für uns in dieser Stadt, ein wunderbarer Gedanke. Maria blickt uns an und lächelt.

„Wann wirst du in den Orient ziehen, wann deine Liebe zu Ornamenten und Kalligraphie beschreiben, deine Lieblingsstadt Isfahān schildern und (mit einem Augenzwinkern) wieder dorthin reisen?“ Solche Fragen stellen gute Freundinnen, die einen langen Weg mitgegangen sind.

Nach einem Beginn, den Enkeln darzustellen, wie es gewesen ist, als ich so jung wie sie war, nach meinen so überbeschäftigten Jahren und deren Ausmalung, ist es nun daran, ein Buch für mich und für Euch Freunde, wunderbare Freunde, zu schreiben. Ein neuer Abschnitt nach turbulenter Zeit, selbst beschlossen, alleine. Du, Gesine, würdest es Aufbruch nennen.

Brüche im Leben sind schmerzlich, sie bedeuten Innehalten und Reflektieren, wieder zu sich selbst finden. Zu lange bei sich selbst zu verweilen, birgt die Gefahr der Selbstbemitleidung. Jedoch dazu habe ich kaum Gene.

Es ist eine große Strickdecke, an der man immer weiter strickt an kälter werdenden Tagen, und irgendwann kann man sich darin einhüllen und beglückende Wärme genießen.

Man kann die kleinen Enkel mit unter die Decke stecken und endlos Bilderbücher vorlesen, von Zwergen, Riesen, Feen. In den kleinen Köpfen spielt die Fantasie mit Bildern weit über das Gehörte und Gesehene hinaus.

Ihre Fragen kommen oft wie von einem anderen Stern.

Hoch oben am Küchenfenster sitzend, blicken sie über die Stadt und die Hügel, stellen Fragen zu den Felsen, zum Hungerberg. „Lebte ein König im Schloss?“, „Ja“, „Und weshalb lebt da immer noch keiner?“ Jüngst kam sogar das Ansinnen der Enkel, dort Flüchtlinge unterzubringen.

Der goldstrahlende Petrus der Stiftskirche lockt Fragen hervor, ebenso wie der Turm auf dem Fremersberg. Neuerdings hat ein Fischreiher ein Dauerplätzchen im Schlosspark bezogen und sein bewegtes Auf und Ab wird genau beobachtet.

So ist wieder Zeit, weiterzuerzählen.

Oberschwaben Ichenhausen

In dieser kleinen oberschwäbischen Stadt, in der ich von meinem beratenden Schreibtisch in heilender Atmosphäre auf ein großes Storchennest auf dem Dach des bayerischen Schulmuseums blicken konnte, lernten meine Gedanken wieder das Fliegen.

Mitten im Patientengespräch konnten meine Blicke abschweifen, wenn weitgespannte Flügel einen Schirm über dem Nest ausbreiteten, sich zusammenfalteten und rote lange Beine sich im Untergrund Halt verschafften. Gar nicht so selten ergab sich aus diesem Sichterlebnis der Rat an Patienten, sich aufzuschwingen, sich vom Wind durchwehen zu lassen, den Blick vom Boden zu heben.

Ein guter Ort! Am Morgen die Fahrt über eine alte Brücke, das Überqueren der Donau, die so viele wechselnde Bilder bot, glitzernd in der Sonne, verträumt im Nebel und selten mit zugefrorenen Rändern. Dann durch Wälder und Dörfer, manchmal hinter einem Traktor trottelnd bis zur Marktstadt mit schönem Fachwerk und Bleistiftkirchturm.

Meine frühen Träume, mit Handchirurgie feine Näharbeit zu leisten, waren längst ausgeträumt, und das war gut. Ich fand viel Freude am ländlichen Praxisleben. In der Stadt eine Praxis zu eröffnen, wurde der Ehefrau verwehrt. Schwierig zu verstehende und umzusetzende Vorschriften. Da am kleinen Ort die Fachkollegen fehlten, betreute man Kinder und Erwachsene, Schwangere, man röntgte und schallte.

In der Vorderen und Hinteren Ostergasse und Annastraße des Ortes in Oberschwaben lebte einst eine große jüdische Gemeinde, die 1781 eine zauberhafte Synagoge im klassizistischen Stil baute, später mit Jugendstilelementen versehen, mit einem Blick in den Himmel. Im großen Himmelsoval von Stuck-Girlanden umrankt, glitzern die Sterne. An einem vielzackigen goldenen Stern neigt sich der große Kristallleuchter zur Erde. Das Licht fällt direkt vom Firmament zu den Betenden, dem Himmel nahe in Verbindung mit Jahwe. Die Synagoge ist restauriert, ein Kleinod. Hohe Fenster mit Buntglasmalerei in Form von Blättern und Blüten lassen die Sonne in den Raum.

Tritt man in diesen harmonischen Raum aus einem Versammlungsvorhof, lässt man sofort die Welt draußen und eine wohltuende Stimmung legt sich auf die Schultern, man möchte eine Kippa tragen. Einst konnte man die Inschrift lesen: „Wisse, vor wem du stehst!"

Wissen wir das heute noch?

So sitze ich verloren in großem Raum auf einem der Stühle und stelle mir vor, es wäre Purim. Die Synagoge voller fröhlicher Menschen, man läse aus dem Tanach, heute aus dem Buch Ester.

Ester heißt übersetzt „der Stern", wie auch Ischtar und Astarde. Ester war die Jüdische Königin des persischen Königs Xerxes am Hofe zu Susa. Nach vielen Intrigen bei Hofe sollen die Juden verfolgt werden. Man wirft das Los (Persisch: *pur*), um den Tag ihrer Vernichtung zu bestimmen. Todesmutig tritt Ester, der Stern, vor den Achämenidenkönig: „Mag ich so oder so ums Leben kommen!“ (Est 4,16), und es gelingt ihr, ihr Volk zu retten. Der König gibt den Befehl, dass die Juden sich versammeln und verteidigen, ihre Widersacher bekämpfen dürfen.

Eine der unglaublichen alten Geschichten ist das Buch Ester. Und die vielen sich auflehnenden Frauen bis heute in Persien gehen ihrem Stern nach.

Purim, dieses bunte Fest, wurde hier gefeiert, die Kinder in bunten Kostümen, man hatte gebacken und gekocht, man strömte hinaus in die Gassen, lud die Freunde zum Festmahl, spendete mindestens zwei Hilfsbedürftigen, aß und trank bis in die Nacht – Purim.

Keine Sterne konnten diese frohe Gemeinde retten

Wandert man durch die Gassen und sieht genau hin, lässt sich der zugemauerte Eingang einer Bäckerei erkennen. Man könnte die alten Inschriften freilegen und mit ihnen eine

Zeitreise antreten. Die Kaufmannshäuser, das Rabbinatsgebäude: Viele Zeugnisse sind verlassen, verloren!

Mit einer berühmten Buchdruckerei, Konfektionsgewerbe und Kleiderindustrie schufen die Juden eine wohlhabende Handelskleinstadt. Die jüdische Schule war über die Ortsgrenzen hinaus bekannt. 1830 war fast die Hälfte der Bevölkerung jüdischen Glaubens. Viele von ihnen wanderten früh aus, vor allem nach Amerika, doch 1920 lebten noch immer 12,4 Prozent jüdische Bürger in der kleinen bayerischen Stadt. Der beliebte katholische Pfarrer des Ortes, der sich schriftstellerisch neben vielen ortsgeschichtlichen Abhandlungen auch mit der Geschichte der Juden in Schwaben befasste, war sehr gut mit dem Rabbiner befreundet und im regen Austausch. Man gründete gemeinsame soziale Einrichtungen.

Die Symbiose hielt sich lange in gegenseitiger Hochachtung!

Der beliebte und eloquente jüdische Lehrer Julius Thalmann gründete einen Krankenpflegeverein, war Vizekommandant der Feuerwehr und Mitbegründer des Turnvereins. Man stellte Stadträte und lebte ein gutes Miteinander.

Am Ortsrand entdeckt man den jüdischen Friedhof, seit 1567 fanden Juden dort ihre Ruhe. Fast tausend Grabsteine, teilweise mit langen hebräischen Inschriften, geben uns die Möglichkeit, über vieles nachzudenken und Steine abzulegen.

Als die Sterne erloschen, die Namen ausgelöscht wurden, letzte Zeichen in den Innenstadtgassen übertüncht wurden, das große Feuer alles in Asche zu legen drohte, konnten sich nur sehr wenige retten, doch die Synagoge blieb, der Innenraum zerstört, lange als Feuerwache erhalten, Löschfahrzeuge überdachend.

Die Synagoge wurde in den 80er Jahren restauriert, die Thora kehrte jedoch nicht mehr zurück! Der Vorhang, hinter dem sie verborgen war, umrahmt von vier goldenen Säulen, wurde auf die Wand gezeichnet. Alte Bilder erinnern an prächtige Thoravorhänge mit edler Bestickung, angefertigt von einem bekannten Goldsticker aus Fürth, gestiftet von Gemeindemitgliedern. Ein besonderer Schatz – wunderschön bestickte Thorawimpel – hat überlebt. Man kann ihn in einer großen Truhe hinter Glas bewundern.

Lehre oder Unterweisung finden nicht mehr statt, an der Tür wird kein Shabbat Shalom mehr zugerufen, es wird kein Leuchter angezündet, kein Segen gesprochen. Dabei wäre es in diesen Tagen so gut, dort das Friedenslied „Shalom chaverim“ anzustimmen! In einer Ausstellung vor ein paar Jahren bekamen wenige der Juden ein Gesicht, wenige der Nachfahren kamen zu den Gräbern ihrer Ahnen.

Wer besucht dieses Kleinod, wird es von den Bewohnern geschätzt? Man wünscht ihm viel mehr Beachtung.

Die Deportation wurde als Aussiedelung deklariert. Ohne Habe landeten einst angesehene Familien in den Lagern, wo die meisten den Tod fanden. Ihr Silber wird wohl in manchem Haushalt der Stadt weitervererbt; eine Überlebende schilderte, wie es eingesammelt wurde.

So stellte ich am Morgen mein Auto an der Mauer der Synagoge ab, grüßte sie, und durch die Gassen zur Praxis gehend, kamen mir so viele Bilder in den Sinn, ich fühlte mich geborgen an diesem Ort.

Als ich in der Kleinstadt wirkte, lebten in den alten Judengassen überwiegend türkische Familien. Es war schön, sie medizinisch zu betreuen, die Anamnese der Mutter oft von den

Kindern übersetzt und vorgetragen. Meist waren es die Knaben, die besser Deutsch sprachen, da sie hinausdurften, die Mädchen – zuhause gehalten – waren weit weniger sprachgewandt. So erzählt ein achtjähriger Junge, immer in Blickkontakt zur Mutter, eine Kranken-Beschwerdegeschichte, berichtet von kleineren und größeren Nöten, und so genau weiß Mama nicht, was da berichtet wird. Die Menschen lebten glücklich, weitgehend integriert, in der kleinen Stadt.

Schwierig war das Leben für „eingekaufte" Frauen aus der Türkei, die, nachdem sie in ihrer Heimat zum Beispiel als Lehrerin eigenständig und ohne Kopftuch gelebt hatten, in Deutschland in der Wohnung verschwanden und nur mit langem Mantel und Kopftuch andere Familien besuchen durften.

An warmen Tagen saßen die Großmütter auf den Stufen vor dem Eingang der Altstadthäuser, ein Auge auf die in der Gasse tobenden Enkelkinder, und ich genoss das Schreiten durch ein freundliches, willkommen heißendes anatolisches Dorf. Sprechstunde in der Gasse.

Heute lebt die nächste Generation auf die Stadt verteilt, mit zum Teil selbstbewussten Kindern und Frauen, mit eigenem Gotteshaus.

Tägliches Pendeln vom höchsten Turm der Christenheit zur schönsten Synagoge Oberschwabens, durchbrochen von der Donau und zurück mit den Gedanken vom Judentum über den Islam zur gotischen Kirche, ein Weg, der einem die Zeit ließ, so vieles zu überdenken, manches zu relativieren.

Die Helfer, Mitarbeiterinnen in der großen Praxisgemeinschaft, waren, wie ich es zuvor nicht erlebt hatte und auch danach nicht erlebte, hervorragend ausgebildet und menschlich von großer Herzlichkeit. Im Lande der Fugger verstand man auch zu organisieren. Beratungsstelle, Geschäft, Kurse, Gymnastikstunden, der Lauftreff – alles existiert nach 25 Jahren noch immer.

Die Herren der oberschwäbischen Gemeinde trafen sich am Abend zum gemeinsamen Schnitzen, und hinter mancher Haustür verbargen sich wunderschöne Krippenstädte. So wurden mir nach der Behandlung immer wieder ein geschnitztes Schäfchen oder ein Hirte geschenkt, dass ich zur Weihnachtszeit die

Hirten auf dem Felde aufstellen kann mit einer beachtlichen Herde, denen der Engel den Weg weist. Ich liebe diese Geschichte der Hirten, wie auch die der Weisen aus dem Morgenlande, denen ein Stern den Weg erleuchtet. Es ist der Wunsch, einen geleitenden Stern zu wissen, vielleicht sehen wir zu wenig zum Himmel.

Orientalische Reisen, Aufbruch ins Morgenland

„Was hat dich bewegt in den Osten zu fahren, in den Libanon, nach Persien?“

Den alten Kulturen nachzusinnen, bringt etwas Licht in die vielen Fragen, die sich heute stellen.

„War es nicht gefährlich zu reisen?“

Na ja, mein Großvater bereiste diese Länder unter weitaus schwierigeren Bedingungen in der ersten Dekade nach 1900. Er war ein Abenteurer, sein ganzes Leben lang. Mein Abenteuer war überschaubar, seine Reisen dagegen gewagte Spiele, beschwerliche Wege und Hindernisse, mit denen man heute nicht mehr rechnen muss.

Hast du deine Fragen beantwortet bekommen?

Gut vorbereitet und etwas belesen eröffnen sich viele neue Fragen, die man nach Hause mitnimmt und mit Freude weiterverfolgt, getragen von den Bildern des Erlebten.

Die großen Religionen haben sich nicht nur bekriegt, sondern auch vieles voneinander gelernt. Sie haben gemeinsame Quellen. Als im Osten schon große Kulturen blühten und bauliche Weltwunder entstanden, schlief man im westlichen Europa noch in einfachen Behausungen und lebte in einfachen Denkgefügen.

Die griechischen Philosophen wurden in Ost und West gelesen und geschätzt, ihre Gedankengänge schufen Verbindungen, wie die Handelswege, über die sie sich ausbreiten konnten.

Unser heutiges Europa ist vor allem griechisch-hellenistisch geprägt und erst in zweiter Linie durch das Christentum; die Einflüsse des alten Orients sowie des Judentums und des Islams sind erheblich.

Die vielfältigen Texte der griechischen Kultur zeichnen sich nicht aus durch religiöse Autorität, sie bestimmen Kultur und Literatur bis heute in Europa, Fortschritts- und Wissenschaftsglaube.

Byblos

Im Hafen von Byblos zu sitzen, berühmt für seinen Export von hochwertigem Papyrus, und über die revolutionierende Entdeckung nachzudenken, die in diesen Städten, Byblos, Tyros und Sidon um 1250 vor Christus stattfand, ist überwältigend.

Die Phönizier hatten die fantastische Idee, das Denken und das Sprechen in ein System von 22 Buchstaben zu reihen. Dies war und ist eine Revolution – ein Erdbeben, das riesige Tore eröffnete –, die hier bei den semitischen Völkern erdacht wurde.

Basierend auf der Idee der alten Ägypter, Sprache in Bilder und Zeichen umzusetzen, entstand ein simples und doch so ausgetüfteltes System der Zeichen, aus denen sich Wörter und Sätze reihen ließen.

Wenn vordem Tausende der alten Schreiber komplizierte Zeichen malten, die nur die oberen Eliten lesen und verstehen konnten, ermöglichte das neue System der 22 Buchstaben jedem nach kurzer Zeit zu lesen, sich auszudrücken, Empfindungen und Kritik in diese Buchstabenwelt fließen zu lassen.

Es eröffnete den Weg zur Literatur, Erziehung, Philosophie, zu Vorschriften und Liebesbriefen.

Zunächst profitierten die Kaufleute und trugen die neue Erfindung hinaus in die Welt. In Windeseile verbreiteten sich die Buchstabensprachen im Mittelmeerraum. Man konnte Listen erstellen, Wünsche erfüllen, Aufträge aufnehmen und Erledigtes abhaken. Aus der Welt der Geschichten, der mündlichen Überlieferungen, wurde eine komplett neue Welt der Zeichen.

Zu Beginn brauchte es noch viele Vorleser; vor allem die Griechen lasen den unkundigen Römern vor. Im alten Rom gab es viele Schreib- und Lesesklaven, die die eher strategisch und planerisch Begabten unterhielten.

Es wurde viel laut gelesen, Sprache als Melodie, im Zuhören erfasst.

Das Überleben der besten Ideen und des philosophischen Denkens verdanken wir dem Buch. Hätten uns je die Ideen, zum Beispiel Macht an das Volk zu übergeben, das tollkühne Denken über das Experiment Demokratie erreicht?

Vorgedacht, ausgeübt, aufgeschrieben, weitergegeben.

Am frühen Morgen im Meer schwimmend, sagte ich mir das Alphabet vor, um hinterher 22 Muscheln in den Sand zu legen. Das Phönizische Alphabet hatte 22 Buchstaben.

Von hier aus, der Küste Kleinasiens, wurde Europa, Tochter des Phönizischen Königs Agenor, vom bulligen Zeus entführt und mit ihr die Schönheit des Orients. Mit dem Phönizischen Alphabet kam die Weisheit mit ihr zu dem nach ihr benannten Kontinent.

Biblion, das griechische Wort für Buch, leitet sich aus dem kleinen phönizischen Städtchen Byblos ab.

Ich lese meinem bilderbuchverliebten Enkel vor und vermute, dass seine Augen die hinter Bäumen und Felsen versteckten Zwerge suchen. Plötzlich ruft der Dreijährige: „Oma, da ist ein P, ein P wie Paul!"

„Und hier das O, wie Oma", zeige ich ihm, und er strahlt mich an.

Mein Großvater, der Weltenbürger

Ich habe eine kleine Ahnenecke, dominiert vom Bild meines Großvaters: exakt gescheitelt mit buschigen Augenbrauen und kunstvoll gezwirbeltem Bart.

„Oma, glaubst du, dass er so ausgesehen hat?“, fragt mein 5-jähriger Enkel.

„Weshalb glaubst du das nicht?“

„Ich habe noch nie solch einen Mann gesehen.“

„Ja, du bist ja auch erst 5 Jahre alt!“

„Schon 5 Jahre, bald 6. Konntest du ihm die Hand geben?“

„Nein, leider nicht!“

„Dann hat er vielleicht nicht gelebt, wie die kleine Hexe und Tomte.“

„Doch, ich erzähle dir seine Geschichte“

„Ob er nett war?“

„Zu dir wäre er es ganz sicher gewesen!“

„Und zu dir?“

„Er hat mich ja leider nicht gekannt!“

„Bist du traurig darüber? Ich hätte ihn gerne gekannt.“

„Ich habe seine Spur aufgenommen in einem fernen, fernen Land.“

Mein Großvater leitete ein großes berühmtes Hotel im Badeort Helouan, 25 km südlich von Kairo an den Ufern des Nils. Durch seine Schwefelquellen bekannt, wurde der Ort zu Beginn des 20. Jahrhunderts vor allem im Winter von betuchten Europäern, Indern und Persern zur Kur mit Kultur besucht. Man konnte kuren, die heilenden Mineralquellen im Thermalbad aufsuchen, mit Reiseführern Kairo besuchen, das neu eröffnete Ägyptische Museum erforschen, zu den Pyramiden fahren. Pittoreske Boote überquerten den Nil.

Versunken ist heute das Paradies Helouan in Stahl- und Autoindustrie. Chemiewerke säumen den Nil.

Wenn in der Familie viele Geschichten kreisen und zahllose Briefe und Postkarten, in Ägypten abgestempelt, der zuhausegebliebenen Familie die Schubladen mit unfassbaren Geschichten füllen, neben Anweisungen „brav zur Mama zu sein und fleißig in der Schule“, bricht man auf, um diesem bärtigen Mann in Beirut oder Isfahān zu begegnen.

Das Bild von ihm hängt schon mein Leben lang an der Wand, und wie mein kleiner Enkel stand auch ich als Kind rätselnd davor.

Libanon, die Schweiz des Ostens

In Beirut, dieser herrlichen, von so vielen Kriegen gepeinigten Stadt, fiel es mir schwer zu glauben, dass man dort um 1900 vom Paris des Ostens sprach. Es gab Clubs, gute Lokale, Tanzvorstellungen. Wer es sich leisten konnte, fuhr zum Vergnügen dorthin, Briten und reiche Ägypter.

Von Alexandria aus kam man am Wochenende mit dem Schiff dorthin. In den Souks war keine Langeweile. Wenn man Arabisch konnte, Englisch und Französisch perfekt, sich mit Freunden traf, öffnete sich diese Stadt mit ihren vielen Reizen.

Die libanesische, so hervorragende Küche lässt von diesem Leben träumen, und am Abend in Byblos im Hafen stellte sich mir das Gefühl des Lebens zum Ende des 19. Jahrhunderts ein wenig ein.

Der Libanon war ein Schmuckstück des Osmanischen Reiches, trotz seiner Selbständigkeit von einer internationalen Kommission überwacht. Weinbau und Seidenraupenzucht verhalfen zu Wohlstand.

Die Quellen der Berge, das einzigartige Klima unter uralten Zedern, in der arabischen Welt auch heute noch als die Schweiz des Ostens betitelt, lässt Sehnsucht aufkommen nach alten Zeiten vor den Kriegen, vor der Zerstörung von Städten und Natur. Was ist geblieben von diesem Land mit seinen Stränden, seinen Bergen, der fruchtbaren Bekaa-Ebene, seinen alten Schätzen, dem unvergleichlichen Treffpunkt der Menschen aus Ost und West? Ein von der Vielfalt der Kirchen geprägtes Land.

An vielen Stellen in den Schriften der Antike wird die Schönheit, der Reichtum und die spirituelle Bedeutung des Landes gepriesen.

Im Gilgamesch-Epos steht: „Stillstanden sie am Rande des Waldes, staunen immer wieder in die Höhen der Zedern. Sie sahen den Zedernberg, die Wohnstatt der Götter, angesichts dieses Berges trägt die Zeder ihre Fülle, ihr Schatten ist so wonnig, reich an Erquickung."

Auch im Hohelied wird der Libanon gepriesen: „Der Duft deiner Kleider gleicht dem Dufte des Libanon."

Aus all den Quellen des alten Landes speisen sich die Weltreligionen mit ihren Geschichten.

Steht man unter den mächtigen Zedern des Libanon, deren Alter nicht zu glauben ist, ist man so dankbar, dass der Schiffsbau und die Säulen der Paläste nicht alle Bäume verschlungen haben. Es sind vergleichsweise wenige Hektar übriggeblieben, die den Eindruck der großen Zedernwälder vermitteln. Man glaubt im Wind den schwach aromatischen Duft zu ahnen und empfindet die wohltuende Kühle.

Die Bäume brauchen Schnee im Winter, ohne Kälte können die Samen nicht keimen, Wärme und Trockenheit bringen sie in einen Überlebenskampf.

Atargatis, die Göttin der Fruchtbarkeit und der Sexualität, die Beschützerin der Liebe wie des Lebens in den Gewässern, die Göttin mit dem Granatapfel, stand am Anfang der Weltschöpfungsmythen der semitischen Götter. Die Göttin, die als Gebärende auch den Kosmos erschuf. Ein ihr geweihter Tempel findet sich abgelegen und einsam in den Hügeln, umgeben von Kräutern und wilden Blumen. Zwei Tage brauchten die Menschen, um von Byblos in die Berge zu steigen zur Göttin. Wurden die Gebete erhört, gab es Regen und rote Anemonen.

Steinerne Vorhänge leiten in die Tiefe, ins Erdinnere aus einer grünen Schlucht kommend zu den bizarren Kalksteinformationen. Jeita ist eine dieser sehr beindruckenden Höhlen.

Maronitische Mönche in Aramäisch singend und betend, die Drusen im Chouf im Gebirge, die Juden, die Christen, die

Armenier nebeneinander und gegeneinander, sich Unterschlupf bietend oder grausam bekämpfend: Bis heute sind viele gute und doch mehr mörderische Geschichten überliefert, die sich zwischen den Religionen abspielten im an vielen Stellen so friedlich wirkenden Land mit seinen beeindruckenden Gebirgstälern und der üppigen Vegetation.

Baalbek – Altar der Götter

Die Begegnung in Baalbek mit den alten Göttern ist einzigartig. Der Weg hinauf vom Altar des Baals zum Tempel des Jupiters, unweigerlich das Oratorium des Elias von Mendelssohn-Bartholdy im Ohr mit dem Wunsch, Gott möge sich darstellen, und der lauter werdende Gegenruf: „Baal erhöre uns, wache auf! Warum schläfst du?“

Dieser immerwährende Ruf nach einem Gott, der sich zeigen soll, der helfen soll, der Kriege vermeiden soll, auf der Seite der Gerechten kämpfen soll. „Baal gib uns Antwort, die Feinde verspotten uns.“ Und Elias versucht es im Anrufen des Gottes Abrahams, er muss doch im Feuer kommen und den Feind verbrennen, er muss im Wasser kommen.

Dieser archaische Wettkampf um einen Gott, der jeweils den anderen strafen, gar vernichten soll, unterlegt von Mendelssohn-Bartholdys Musik, eindringlich und stimmgewaltig – in Baalbek ist er in Stein gemeißelt.

Doch nicht im Sturmwind kam der Herr, sondern im Säuseln näherte sich der Herr. Und er zog vorüber! Er zog vorüber!

Unfassbar dieser Gott, unergründbar, er zog vorüber!

Zu Beginn steht in der Elias-Geschichte die Sorge um Wasser nach mehrjähriger Trockenheit. Diese Sorge, die mehr und mehr in unserer Zeit im Mittelpunkt steht, sei es als Verwüstung der Erde, sei es die Überschwemmung und das Ansteigen der Meere. Sei es das Tauen der Gletscher oder Pole oder das Versiegen der lebenswichtigen Quellen. Sei es die Katastrophe der Verschmutzung von Flüssen und Meeren. Die alte und heute stetig dringlicher werdende Frage lässt auch jetzt immer mehr Stimmen laut werden, endlich zu handeln.

Und während ich meine Hand auf die uralte Altarplatte lege und mir den riesigen Tempel vorstelle in dieser alten Stadt nahe der Grenze zu Syrien und nahe dem sehr vom Krieg verwundeten anderen Baal-Tempel in Palmyra, lodert der immer wieder aufbrausende Krieg der Religionen in all seiner zerstörerischen Macht. Beide uralten Städte lagen an großen Handelsstraßen, heute kaum vorstellbar, verfügten über Quellen und damit über ausreichend Wasser, um auch die durchreisenden Karawanen zu laben. Heute sind sie fern, die Grenzen zeitweise geschlossen, freie Handelswege sind wieder gefährlicher geworden.

Die Römer integrierten die alten Religionen und ihre Stätten, und so wurde in Baalbek aus dem Baal-Heiligtum mit riesigem Altar der größte Tempel der Antike, Jupiter geweiht, dem Himmelsvater und Wettergott, heute als größter der Planeten mit uns um die Sonne kreisend.

Auf den Stufen des mächtigen Bacchus-Tempels sitzen Kinder und spielen mit ihren Handys; mögen sie viele Bilder mitnehmen aus uralter Zeit.

Die großen steinernen Löwen sollen die unsichere Gegend bewachen!

In Tyros, einer der ältesten immer bewohnten Städte, wandere ich auf der Marmorstraße, einst gesäumt von Kolonnadengängen, beidseits mit Mosaikböden geschmückt, hinaus zum Meer, möchte mich bücken, um eine Purpurschnecke aufzuheben, sie in der Sonne leuchten lassen. Diese kleine Meeresschnecke mit ihrem roten

Drüsensekret verhalf zu unermesslichem Reichtum. Diese teure, intensiv rote Farbe haben uns die Renaissancemaler erhalten in der Anbetung der Könige von Botticelli, in den Portraits von Würdenträgern, von Tizian und Filippi gemalt, oder in meiner geliebten Galatea von Raphael.

Die Sage erzählt von einer alten Gottheit Melkart, der die Stadt der Meerjungfrau Tyros schenkte. Da auch Europa hier geboren ward … ist sie durchaus eine Stadt der Frauen zu nennen!

Die Römer haben die einstige Phönizierstadt mit Tempeln, Prachtstraßen, einem riesigen Hippodrom, 480 Meter lang, 160 Meter breit, ausgestattet. Handwerksbetriebe, wie Glasbläsereien und eine große Nekropole, zeugen von Wohlstand und Bedeutung der Stadt.

Jesus lobpreiste die Stadt, nahe einer Quelle saß er mit Johannes auf einem Felsen, heilte und predigte.

Am Abend kam ich zum Eschmun-Tempel. Aus Sidon heraus wäre ich zu gerne gewandert zu diesem felsigen alten Heiligtum aus dem 6. Jahrhundert vor Christus, aber die Lage rund um Sidon war zu gefährlich. Pyramidenförmig gebaut, ein Steinthron belassen zum Ruhen des Gottes der Heilkunst: Dies ist ein Ort der Besinnung im zerrütteten Land, eine Steinoase neben der Quelle. Und ich werde immer meinen jüngsten Sohn sehen, wie er strahlend auf dem Thron sitzt, inmitten wilder Kräuter, am Fuße der Pyramide. Ich bin ihm dankbar für seine Begleitung auf dieser großen Reise.

Eine Reise, die einzigartig war, da geleitet mit Herz und so viel Kenntnis, angefüllt mit Frohsinn, immer genug Zeit lassend, um den eigenen Gedankengängen nachzufühlen.

Das Bilderbuch der Reise und die Erzählungen um die Bilder lässt meinen kleinen Enkel fragen: „Fährst du mit mir auch dahin?“ Und ich muss traurig verneinen. Ich hoffe, dass man irgendwann wieder in einen friedlichen Libanon reisen kann, im Gebirge wandern, durch grüne Schluchtentäler und zu den alten Göttern.

In Beirut, im Libanon, bin ich meinem Großvater nicht begegnet. Das lärmende, neue Beirut lässt wenig Vorstellung vom *Paris des Ostens*. Mit Korruption und großen Flüchtlingslagern kämpfend, ist es in diesen Tagen auseinanderfallend unregierbar geworden. Der Libanon ist, neben den Ländern der Umgebung, ein großes

Drama dieser Zeit. Hier wurden, weltweit gemessen an der Einwohnerzahl, die meisten Flüchtlinge aufgenommen. Armut, keine Arbeit, selten Strom. Als Müllsammler verdienen Kinder ihr Geld. Und all das bei einer jahrhundertealten, so reichen Geschichte.

So blieb mir nur im Hotel Byblos in Saint-Tropez mit meinem betagten Vater im arabischen Teeraum einen Kaffee zu trinken zu Ehren seines Vaters, den er zu jung verloren hatte.

Ich ging weiter seinen Erzählungen nach von Großvaters Reise nach Isfahān und seiner Bewunderung, was die islamische Kultur dort geschaffen hatte.

„Ich und die Farbe sind eins", Paul Klee 1914

Nicht weit vom höchsten Turm der Christenheit in der alten Stadt des Designs ist das Kunstmuseum, und nach dem Marktbesuch oder nach Einkäufen habe ich öfters meine Dinge eingeschlossen und, manchmal ganz allein, die Klee-Bilder besucht. Oben die kleine arabische Stadt, darunter Felder, Wüste, ein Farbenspiel in Ocker, sich im Himmel weiterspiegelnd.

Drei sich beeinflussende Freunde, Klee, Macke, Moilliet, hatten sich nach Tunis begeben in eine für sie neue Farbenwelt. Worüber unterhielten sie sich vor dem großen Krieg, in dem in den ersten Tagen der Tunis-Freund Macke fiel und kurz vor der eigenen Einberufung auch Marc im unsinnigsten Verdun? Und unweigerlich denken wir an Bachmut, da sich das Gleiche wiederholt, unzählige junge talentierte Menschen müssen ihr Leben lassen.

„Es ist, als ob sie die blutroten, wärmeliebenden Blumen in diesem kalten Garten umsonst gepflanzt haben!" (Schafi'i Kadkani) Wir alle tragen Schuld an diesem unsinnigen Geschehen.

In gegenseitiger Inspiration und im Licht des Südens schufen die drei Maler wunderbare Blätter. „Die Komposition der gelben Fenster" – so bunt, so musikalisch, die Traumstadt, die in den Orient führt, ein Bild, das die Seele tanzen lässt und den teils schwierigen Alltag mit leuchtenden Farben übertüncht. Ich sehe immer durch ein anderes gelbes Fenster und Fröhlichkeit breitet sich aus. Die orientalische Stadt am Meer, der Sand, die Wüste, rätselhafte Zeichen.

Es ist Zeit, wieder aufzubrechen, den sich langsam wieder ordnenden Alltag zu verlassen.

Kyros – die Sonne

Wo ist das Licht, das leuchtende, das Wege weisende, das wärmende Licht?

Die Sonne geht im Osten auf.

Früh am Morgen, das Licht noch gleißend, der Boden nach einem heißen Sommer verbrannt, in der Ferne Bergketten leicht violett, steh ich am Grab des Kyros.

Am Grab des großen Kyros, in sechs Steinstufen aus der Ebene sich erhebend, Steinquader mit Blei verfugt, darüber das Kenotaph, ein kleines Steinhaus, 11 Meter hoch, einsam. Einst war das Grab von einer großen Gartenanlage umgeben, Blütendüfte umwehten es. Noch bläst ein leicht kühler Wind, bevor die Sonne das Rund erobert und keinen Schatten mehr erlaubt. Wir sind nur wenige an diesem Morgen, und wir sind schweigsam geworden.

Ein unbeschreibliches Gefühl von Glück, ein Ankommen in der Menschheitsgeschichte, ein erfüllter lang gehegter Traum umhüllt mich in meinem langen dunklen Mantel und mit einem Seidentuch bedecktem Haar. In diesem Gewand stehe ich würdig am Grabe dieses großen Königs, das längst ausgeräumt, das leer ist.

530 vor Christus starb Kyros, wer weiß wie? In einer Schlacht (Herodot) oder, wie von Xenophon beschrieben, friedlich wie ein griechischer Philosoph? Sein Reich ging von Indien, Iran, Babylon, Kleinasien bis nach Ägypten. Genau 200 Jahre später stand ein anderer Großer an meiner Stelle hier am Grab, Alexander, der dieses Weltreich mit dem Westen verband, eine globale Welt schuf und Handelswege kreierte.

Mehr als tausend Jahre vor Kyros gab es das sagenhafte Elam, da trank man schon aus herrlich verzierten goldenen Bechern.

Kyros heißt übersetzt „die Sonne". Der Stratege mit einer begabten Reiterschar formte ein Großreich, übernahm intelligente Verwaltungsstrukturen. Er schränkte die Macht der Tempel ein, aber beließ die Religionen, befreite die Sklaven, entließ die Juden aus babylonischer Gefangenschaft. Sie sollen den von den Babyloniern zerstörten Tempel in Jerusalem wiederaufbauen. Und sie bauten an gleicher Stelle den Tempel wieder auf, eine Wende im Judentum, verknüpft mit der messianischen Erwartung aus der Prophezeiung der Schrift.

Kyros zog den besiegten, den durch Reichtum und Großzügigkeit bekannten Lyderkönig Krösus aus den Flammen und erkor ihn zu seinem Berater. Das nahe Pasargadae, eine Stadt der riesigen Säulen und unterirdischen perfekten Bewässerungsanlagen, war seine Winterhauptstadt mit prächtigem Audienzpalast. Im Sommer lebte er in einer 2. Hauptstadt nördlicher in Ekbatana dem heutigen Hamadan.

Es ist so still an diesem Morgen in diesem wunderschönen alten Land, einer Wiege der Kultur, der Wiege der Medizin. Manche behaupten, es wäre die Wiege der Menschenrechte. Auf einem Kyros zugeschriebenen Tonzylinder, den man in Babylon fand, wurde in Keilschrift die Befreiung der Sklaven, die freie Religionsausübung und die Gleichheit der Völker beschrieben, gleichfalls die Eigenlobpreisung festgehalten. Und dieses Ansinnen möchte man gerne glauben und neu verwirklicht sehen. Vor 2500 Jahren proklamiert, bedingt auch ausgeübt, mahnend weitergetragen, gültig.

Nach den großen Eroberungs- und Raubzügen der alten Geschichte – sei es eines Kyros oder Alexander – war der Osten mit dem Westen durch Handelswege verbunden und der Westen hungerte nach den Produkten der reichen östlichen Städte, stand staunend vor Oasenstätten, die mit nie zuvor gesehenen Bewässerungssystemen zu Gärten geworden waren.

In den überwiegend durch Handel aufblühenden Städten des Westens erwartete man die Schiffe mit Gewürzen, die Damen reckten ihren Hals nach einer Goldkette und Seidenstoffen, und selbst die Herren sahen sich in purpurnem Gewand.

Shirāz – Stadt der Rosen und Dichter

Ich bin allein aufgebrochen und habe teilweise unter Führung dieses unbeschreibliche Land bereist. Meine türkische Praxishilfe hatte mir den langen dunkelblauen Mantel besorgt, das Binden der Tücher vorgeführt. Diese bezaubernde junge Frau trägt auf der Straße immer ein Kopftuch. „Ich fühle mich sonst nackt!" Nun, meine christliche Großmutter trug, wenn sie ins Dorf ging oder zur Kirche, auch immer ein Kopftuch, ihre Tochter nicht mehr, doch sie würde sich vielleicht freuen, wenn sie ihre Enkelin mit Seidentuch über dem Haar sähe.

Nach angenehmem Flug von Zürich nach Teheran kam ich spät in der Nacht an, und so brachte mir der Morgen die erste Überraschung, vom Balkon meines Hotelzimmers aus fand ich mich gegenüber wunderbarer Berge im Morgenrot, ich war angekommen. Nach ein paar Tagen in dieser geschäftigen Stadt flog ich weiter nach Shirāz.

„Heil sei dir, Schirâs! [...]

Weht der Nordwind durch das Tal
von Musallâ-Dscha'farâbâd,

trägt er süße Ambradüfte
mitten in die Rosenstadt.

Wandrer, dorthin lenk die Schritte
und erfleh des Geistes Gunst

von den Menschen, die gesegnet sind
mit Wissenschaft und Kunst!"

(Hafiz)

Bevor ich in diese Stadt eintauche, in diese Stadt der Rosen, Blumen, Dichter, sage ich allen, vor allem denen, die mich für ein wenig verrückt erklärten: Ich habe mich nirgends, wirklich nirgends so sicher und willkommen gefühlt wie in diesem Land, in dem man respektvoll in eigner Bescheidenheit erklärt: „Ich opfere mich für dich" und damit Hilfe anbietet. Die viel gepriesene Gastfreundschaft ist heilig.

Ich wandere durch die Altstadt, durch reiche Bazare und erfreue mich an den vielen Gärten.

Ich gehe zur Universität und besuche die medizinische Fakultät, wo mir viele junge Frauen begegnen, die Medizin studierten, Französisch oder Englisch sprechen und neugierig sind und so hübsch. Shirāz hat eine der ältesten Universitäten um 1100 lehrte man dort bereits Medizin auf hohem Niveau. Seine Bibliothek war um 1000 nach Christus weltberühmt.

Ich setze mich auf eine Bank im Grün und werde schnell umringt von jungen Studentinnen. *Almani*, *Tabib*, *Ärztin*, das sind Wunderworte. Sie strahlen mich an, fragen nach meinem Wohlergehen und ob ich ganz allein reise.

Ich frage nach Ibn Sina Avicenna und die Frage zauberte Lächeln in ihre Gesichter. Hier lebt er noch fort, der große allumfassend Gebildete, der Philosoph, der Jurist, der Theologe, der Mathematiker, Astronom, Musiktheoretiker und Politiker – und vor allem der unvergleichliche Arzt. Er lebte um 1000 und hat zur Geschichte und zur Entwicklung der Medizin so vieles beigetragen. Seine Werke „Buch der Genesung“ und vor allem sein fünfbändiger „Kanon der Medizin“ war 700 Jahre lang der Lehrstoff an den Universitäten in Ost und West. Um 1200 wurde das Werk in Toledo ins Lateinische übersetzt. Diese jungen Menschen können ihn in persischer Sprache lesen. Einen Teil seiner Bücher verfasste er in Griechisch. Griechisch war, vergleichbar dem Englischen, eine Weltsprache, die man bis Indien sprach. Er lebte 15 Jahre in Isfahān und hatte dort die meisten Werke vollendet, ein wohlhabender, gutaussehender Mann, der gerne ein gutes Gläschen Wein trank.

In seiner Vorstellung verstand er Gott als reine „Wirksamkeit“, unablässig als Schöpfer tätig, nicht nur während der Schöpfung, sondern auch vorher und danach. Er widersprach in vielem dem Koran, griff jedoch beim Beschreiben des Weges der Seele auf der Suche nach Wahrheit auf die Sprache der Mystik Sufik zurück.

Was sind diese iranischen Studentinnen lebendig, lachend – diese strahlenden Augen begleiten durchs ganze Land. In sie darf man munter blicken, während man angehalten wurde, vor den Augen der Männer den Blick zu senken.

Über die Frauen wird es gelingen, eine vielfältigere, eine bessere Welt zu schaffen. Durch das Vordringen der Frauen in die Kliniken, in die Gerichte, als Ingenieurinnen in die Betriebe, zunehmend in die Politik, ist das Klima so viel wärmer geworden, haben sich Arbeitsplätze verändert, sind alte Strukturen aufgebrochen.

Wir haben das Glück, im Westen zu leben, wo in den letzten 80 Jahren das Miteinander trainiert wurde. Von den Rechten der Frauen bis zu einer Gleichstellung ist der Weg steinig; ich hoffe für meine Enkelinnen.

Im Osten ist der Weg, wie im Iran zu sehen, im Aufbruch, in Afghanistan im Rückwärtsgang. Der Grundpfeiler ist die Bildung, die Ausbildung.

Auch die Kirchen werden nur überleben, wenn die Hierarchien der alten Männer durch Frauen aufgebrochen werden.

„Denkst du, Oma, die Frauen im Iran werden etwas bewirken, bei all dem, was sie erleiden?"

Ja, sie haben schon viel bewirkt, sie sind gebildet und selbstbewusst. Es ist ihnen gelungen, bei uns im Westen ihrem Land ein neues Gesicht, ein so viel besseres Gesicht zu geben, wir müssen sie unterstützen.

Es sind zu bewundernde Menschen, sie laufen Gefahr in den Gewehrlauf der Scharfschützen zu geraten, sie riskieren gefoltert und gedemütigt zu werden, abgeurteilt, zu Tode verurteilt. Geraten sie in Haft, ist es um die Möglichkeit zu studieren geschehen und ihre Angehörigen sind in Gefahr.

Nach jeder Verhaftungswelle sind noch mehr auf der Straße.

„Aber, wie soll das enden, Oma?"

Diese Sittenwächter und revolutionären Garden, sie alle haben Familien, Freunde, Nachbarn; irgendwann stehen ihre eigenen Kinder vor den Gewehrläufen, bei den Giftanschlägen in den Mädchenschulen werden ihre Enkel sein. Der Riss in der Gesellschaft wird die geistige Oberschicht erreichen.

Ich kann und will mir nicht vorstellen, dass das Rad nochmals zurückgedreht werden kann. Ich habe so viele hochqualifizierte und liebenswürdige iranische Kollegen kennen und schätzen gelernt.

Am Abend gehe ich in die Schah Tscheragh Moschee, meine neun Meter schwarzen Stoff unter dem Arm, den Tschador. Mein Reiseleiter bezweifelte, dass ich geduldet werde. Ich ziehe die Schuhe aus auf der Frauenseite und werde freundlich drapiert, man streicht mir über Schulter und Arm, man heißt mich willkommen, teilt im Vorraum Selbstgebackenes aus, und ich fühle mich im Innern des wunderbaren Gebetsraumes, am heiligen Ort geborgen, niemals fremd, niemals allein, doch umsorgt, Gott, den sie Allah nennen, nahe.

Angekommen im Mausoleum des Königs des Lichts, Mir Sayyid Ahmad, Bruder des Iman Reza, umgibt mich ein vielfältiges Glitzern in der Nacht, Spiegel, Mosaiken, Fayencen, blau-grüne wunderschöne Ornamente, eine atemberaubende Architektur. Sind hier Sterne vom Himmel gefallen und verströmen ihren Glanz?

Meine etwas unruhigen letzten Jahre treten zurück an einem Ort des silber-glänzenden Gebetes. Pilgerin unter Pilgern. Es gleichen sich unsere Gebete.

Ich bin dankbar, dass man mich aufgenommen hat und ich diese Moschee nicht nur museal erleben darf, sondern in der Gemeinschaft, betend.

Man pilgert zu den Schreinen, empfängt mit seinen ausgestreckten Händen einen Segen, den man rückwärtsgehend in die Stadt, nachhause ins eigene Leben trägt. Ein Leben, das man ohne eigenes Zutun empfangen hat, das kostbar ist im Scheine der großen Kristallleuchter und durch den Schrein noch wertvoller geworden. Das große Wort Gnade steht im Raume. Sure 16: „Wolltet ihr versuchen die Wohltaten Gottes aufzurechnen, wahrlich, ihr könnt sie nicht zählen, denn Gott ist gnädig und barmherzig." Gott ist groß in seiner Gnade. Was immer das heißt, wer immer sie annimmt, wer sie in Händen trägt, wer glaubt.

Und auch ich trete dankbar aus dem Glanze dieser Pilgermoschee, die Frauen haben mich mitaufgenommen mit berührenden Gesten, und ein wenig Glitzern fällt auch in meine Welt. Ich möchte es behüten und mit nach Hause bringen, zu den Menschen, die mich umgeben und mir unendlich wichtig sind, und zu meinen Patienten, deren Zuwendung auch den Arzt umfängt.

Während ich hier sitze und von meinem Schreibtisch auf die Battertfelsen blicke und in einer friedlich wirkenden verregneten Stadt schreibe, trifft mich die Nachricht, dass genau in dieser Moschee heute ein Attentat verübt wurde, Schiiten gegen Sunniten … Terrormiliz islamischer Staat. Diese sinnlosen grausamen Kämpfe hören nicht auf, 15 Kinder und Frauen und viele Verletzte, unfassbar. Ist die Ratio ausgemendelt? Der Hass eines jungen sunnitischen

Mörders traf seine schiitischen Brüder, er betitelt sie als seine Feinde.

Vor meinen Augen erscheinen die vielen jugendlichen Gesichter auf einem nicht enden wollenden Friedhof bei Yazd. Gefallene Soldaten im Iran-Irak-Krieg, Schiiten gegen Sunniten in einem unhaltbaren Streit über die Nachfolge des Propheten. Alle lesen sie aus einem Buch, liegen auf der Erde vor einem Gott und haben bis heute die Nachfolge des Propheten nicht geklärt. Seit dem Tode Mohammeds im Jahre 632, als man sich stritt, wer sein wahrer Nachfolger werde. Politisch wie theologisch hat man verschiedene Entwicklungen genommen, Bräuche und Auslegung des Korans.

Wann immer ich hier mit Muslimen gesprochen habe, sprachen sie von Frieden und Toleranz, und ich möchte das so gerne annehmen.

Die großen Religionen zerstören sich selbst in fundamentalistischem Gebaren, im Sektieren, in einer um sich selbst kreisenden Selbstbeschäftigung, im Klüngel der Hierarchien der Greise. Sie hängen sich selbst ab von der Zeit, von den Menschen, den Problemen, die heute auch die Kirchen in Ost und West dringend aufgreifen müssten.

Religion ist eine praktizierende Nachfolge nahe am Menschen, doch die Religionen rücken immer mehr vom Menschen ab. Im Judentum, im Islam und im Christentum wankt der Boden. Es geht nicht allein um die notwendigen Reformen, es müssen keine Fundamente zerstört werden, sondern man sollte sich wieder um die Menschen kümmern, auf ihre Lebensweise sehen, sie annehmen, wie sie in den letzten 2000 Jahren geworden sind. Nicht klein halten, sondern fördern, nicht missbrauchen, sondern lieben.

Zuhören, Lösungen finden, Agape, Caritas, Wertschätzung und Zuneigung.

Shirāz ist so vielfältig, die Rose seine Zierde. In den vielen Gärten fließen Blüten, Rabatten, Fayencen und Kalligraphien ineinander. Meterhohe bunte Zinnienhecken säumen die Gärten, viele seltene Liliengewächse, Tamarisken, Hibisken. Einst war der Wein berühmt, seit 1979 darf er nicht mehr angebaut werden, und Reiseführer sind dazu verurteilt, die Dichtung, die den Wein preist, als Allegorie zu verkaufen.

Schreibt man je eine lyrische Zeile, so pilgert man zu den großen Dichtergräbern in einem besonders schönen Rosengarten zu Scheich Saadi. Er wurde angeblich 108 Jahre alt, seine Verse haben schon die kleinen Kinder auf den Lippen. Und zu Hāfiz, dessen Ghaselen, weltberühmt im Diwan, viele Dichter bewegten. Ein Garten mit so viel Liebe gestaltet, lässt einen stundenlang verweilen, bis im spätnachmittäglichen Licht die Konturen etwas verblassen und die Zeilen aus dem „Rosengarten" verschwimmen. „Du sollst ein Wort, ist ungewiss sein Ziel, nicht sagen, und weiß du, dass die Antwort ungut, niemals fragen." (Scheich Saadi)

In den kleinen Geschichten, den Ghaselen, bewegt sich so viel Erfahrung und Weisheit, wäre die Welt damit überschüttet, sie müsste eine bessere werden.

„Oma, die Menschen benötigen etwas anderes als Gedichte."

Aber in den alten Gedichten steht schon, was sie brauchen, wir sollten sie nur lesen.

Hochkulturen zeichnen sich durch Lyrik aus.

Isfahān – die strahlende Stadt

Isfahān vielleicht die schönste Stadt, meine Stadt. Denn für mich ist es ein Geschenk, auf den Plätzen zu weilen, die Moscheen zu bestaunen, auf den Brücken zu wandeln, sich in den Bazaren zu verlieren, mit den freundlichen Menschen zu reden, die exotischen Gerichte zu genießen, bei einem Kaffee die fremden Süßigkeiten zu kosten, in die Renaissance der islamischen Zeit einzutauchen.

Ich setze mich auf den großen Maidan vor die Bazare, neben dem Grün und der in der Sonne strahlenden Springbrunnenanlage, einen Traum, eine Sehnsucht, ein wunderbares Ensemble im Blick.

Es ist mir, als wäre ich mit dem Korb am Seil emporgezogen worden, unter den Federn des großen Vogels abgelegt, in das Reich der wunderbaren Feen, wie in Nizamis Geschichte der ersten Prinzessin; „Der Ort glich einem zur Erde gefallenen Stück Himmel." Rundherum tanzt die Fantasie. In dem Buch der 7 Prinzessinnen trifft der Schah jeden Abend eine andere Prinzessin unter einer andersfarbigen Kuppel.

Hier stehen diese Kuppeln; wenn ich sie aufsuche, wer wird mir darunter begegnen?

Dieses Weltwunder, dieses Ensemble islamischer Kunst am späten Nachmittag – welch ein Platz. Ali Qapu, der Schahpalast, ist ein mehrstöckiger Würfel mir zur Rechten, als Vorbau ein riesiger überdachter Balkon, der den Platz überblickt, eine Loge für Reiterspiele, eine Stadt zu Füßen, die imposanten kahlen Berge im Hintergrund. Wer waren die Architekten des Abbas, die voraussehend eine Altstadt einrissen, um einen solch großen Platz und viele Prachtstraßen und Gärten zu gestalten? Gegenüber die Lotfollāh Palastmoschee, eingelassen in die Welt der den Platz umrundenden zweistöckigen Bazare mit einer Blumen-Rankenkuppel auf gelbockerfarbenem Grund, die Maße dem Auge schmeichelnd. Mir gegenüber, fast in der Ferne, denn die Ausmaße sind enorm, die große Imam-Moschee mit ihren 500 000 Fayencekacheln in leuchtendem Blau, Blüten, Kalligraphien, Bögen, begrünte Höfe, Medresen, schlanke 48 Meter hohe Minarette.

Nicht anders als beim Kölner Dom, Werkstätten, Gerüste, die die Fayencen ersetzen, die alten Kunsthandwerke bis heute erhalten.

Hier sitzend könnte ich bis ans Ende meiner Tage staunen. Die umgebenden Läden mit ihren Kunsthandwerkern aus vielen Ländern, vor allem die Armenier, brachten sich hier ein, ein Gemeinschaftswerk so vieler Ethnien. Wie in Toledo lebten hier hochgeschätzt und in gegenseitiger Toleranz der Islam, das Judentum und die Christen und viele andere Religionen zusammen … bis heute. Und manchmal stellt sich mir die Frage: Ist der Islam den anderen Religionen gegenüber toleranter als gegenüber sich selbst?

Ich pflücke die Rosen der Höfe der Moschee und fülle meinen Kunstkorb, bis ich die Blüten über die Welt verstreuen kann. Gleich werde ich noch einmal hinaufsteigen und unter dem säulengetragenen Baldachin der Schahloge auf die sich in der Abendsonne verzaubernden Berge blicken, über die Flussoase hinweg. Die schönen Fresken-Damen an den Wänden haben mich begeistert, und zu gerne hätte ich mir ein Konzert im sagenhaften Musikzimmer mit der gepriesenen Akustik angehört.

Herren in traumhaft schönen Seidenmäntel mit Vogel- oder Jagdmotiven gingen einst durch den Palast, von den seidenen Gewändern der Damen können wir nur träumen, sie uns kaum mehr vorstellen.

Großvater Friedrich

Hier auf dem 9 Hektar großen Naqsch-e Dschahan habe ich mich mit meinem Großvater Friedrich verabredet. Er war nicht in Zürich in ein Flugzeug gestiegen, sondern begleitete einen befreundeten indischen Maharadscha auf der alten Seidenstraße von Alexandria über Damaskus nach Bagdad, über das kaspische Meer nach Persien. Er war in Bagdad, aber auf dieser Reise? Von dort reisten zwei etwa gleichaltrige Mittvierziger mit bewaffnetem Begleitschutz nach Indien. Ich habe mich durch die Reisebeschreibungen dieser Zeit hindurchgelesen, es gelang mir nicht, die Spur dieser beiden Abenteurer aufzunehmen, nachzuzeichnen, wie sie diese Reise bewerkstelligen konnten. Der Weg übers Elburs-Gebirge scheint mir kaum möglich. So nehme ich eher an, dass die zwei Herren einen Teil mit dem Schiff zurücklegten, um dann über Land nach Isfahān zu reisen. Nach Hause berichtet hat Großvater, als er wieder zurück in Helouan war. Für den Inder eine Geschäftsreise, für meinen Großvater eine magische Morgenlandfahrt, von der später so viel berichtet wurde, sodass sie immer mehr den alten Geschichten, den Märchen der

1001-Nacht-Erzählungen glich. In den Briefen steht nichts von gefährlichen, strapazierenden Reisen. Wo hat man übernachtet, wem ist man begegnet? Wie lange war man unterwegs?

Die Rückreise erschließt sich mir besser aufgrund eines Schiffsbillets von Colombo nach Alexandria mit dem Norddeutschen Lloyd, Bremen, auf dem Seeweg.

Der indische Fürst beflügelte meine kindliche Fantasie und passte gar nicht zu den Fotografien, auf denen er mit meinem Großvater viele Jahre später im eleganten Anzug mit Weste beim Spaziergang durch die Lichtenthaler Allee abgelichtet war. Er liebte es, in unsrer kleinen Stadt zu sein, hier mit Spazierstock entlang der Oos zu flanieren. Auch in den späten 20er Jahren war es noch eine unglaubliche Reise vom fernen Indien hierher.

Es war eine lebenslange Freundschaft dieser zwei Herren mit Weste und Uhrkette, so erstaunlich, märchenhaft, wahr. Leider sind sie mir nur auf Bildern begegnet, zu gerne hätte ich mir von ihnen erzählen lassen.

Mein Großvater, in Schramberg geboren, als ältestes von 5 Kindern, absolvierte eine Hotellehre im Schwarzwald – laut Zeugnis mit

„sittsamem Betragen, Fleiß und Höflichkeit“, um dann seinen Weg durch die Welt anzutreten. Hotel du Lac in Genf, Venedig Hotel Monaco, mit „entière satisfaction“ im Hotel Victoria in Interlaken, dann Hotel Metropolitan in London, um dann im Offizierskasino des Badischen Infanterie Regiments Prinz Wilhelm zu dienen. Und schon zog es ihn wieder hinaus, wo er an unterschiedlichen Orten vor allem in Nizza wirkte. An der Cote d’Azur war er sehr gerne zu Hause und noch lange wanderten Briefe zu einem dort wirkenden Freund.

Im Grandhotel in Vevey traf er seine spätere Frau Marie, mit der er sich in Baden-Baden niederließ, doch auch Ehe und Kinder hielten ihn nicht davon ab – die Familie im Briefkontakt –, hinauszuziehen, viel zu reisen, bis er sich 1908 in Marseille einschiffte, um Jahre in Ägypten zu verbringen. Er leitete das Badehotel Grand Hotel Helouan, das zur gleichen Gruppe wie das Mena House bei den Pyramiden gehörte. Reiche Leute, vor allem aus Großbritannien und anderen europäischen Ländern und aus Indien kurten, badeten in Schwefelquellen, besuchten von dort aus Kairo und Gizeh oder trafen sich zu Geschäftsverträgen und politischen Abkommen.

Unter britischer Kolonialherrschaft lebte eine Gruppe zu Beginn des 20. Jahrhunderts sehr feudal, Menschen mit vielen Titeln machten sich den vorderen Orient untertan, ließen in Ägypten Baumwolle auf ehemals reichen Weizenfeldern anbauen, um der heimischen Industrie zu dienen. So wurde aus einer reichen Kornkammer ein Armutsland, das irgendwann selbst Weizen einführen musste.

In der Ausbeutung der ägyptischen Wirtschaft, der Kontrolle über die Ressourcen des Landes, der Unterdrückung der eigenen Identität und Kultur wurzeln viele der heutigen Schwierigkeiten des Landes.

Alle Briefe an die Familie sind Antwortbriefe, aufmunternde Worte und Erziehungsformeln von weither. Wie schon aus Vevey oder Nizza oder den vielen Orten, wo dieser soignierte Herr lebte, geben sie keinen Einblick in seine illustre Welt. Dieser Großvater lebte ein ganz eigenes Leben in einer Welt, in der er niemanden einließ, wie wohl auch die britischen Tonangeber, deren Familien in England auch viele Postkarten bekamen zur Freude der Briefträger, die Kamele und Pyramiden, den Nil und dessen Anwohner zu Gesicht bekamen. Mit perfekten Sprachkenntnissen, auch dem Arabischen, lebte mein Vorfahre gut im britischen Empire, wie so viele dem häuslichen Leben Abtrünnige.

Im unverkennbaren britischen Humor beschreibt Lord Edward Cecil „The Leisure of an Egyptian Official" meines Großvaters Zeit, von den langweiligen Stunden in der Schreibstube, dem lauten Diener, den vielen Trinkgeldern, die von oben bis unten durchgereicht wurden, vom Leben unter Männern in den Clubs und den Damen im Hotelkaffee in Helouan. Frei nach Rudyard Kipling: „A Fool lies here who tried to hustle the East." Diese Herrengesellschaft bei Laune zu halten, ihnen neben schickem Ambiente, Billardspielen und gutem Essen, *five o'clock tea* und pünktlichen englischen Zeitungen einen guten Service zu bieten – diese Aufgaben bereiteten Friedrich sicher Spaß, doch dieses große Hotel zu leiten, erforderte mehr als dies.

Mit Menschen aus der ganzen Welt in Kontakt zu treten, sich ihre Meinungen anzuhören – der Sprachgewandte liebte dies. So entstand auch eine lebenslange Freundschaft zu einem indischen Maharadscha.

Viel anders hat dieser Platz auch zu deiner Zeit nicht ausgesehen, mit einem arabischen

Kaffee in der Hand, den du so liebtest, saßt auch du hier, begeistert von der harmonischen Schönheit dieses Ortes. Du könntest in der alten Karawanserei übernachtet haben, dem heutigen luxuriösen Abbasi Hotel und am Abend über eine der großen wunderschönen Brücken über den Zayandeh „den lebensspendenden Fluss“ spaziert sein.

Als ich an seinem Ufer auf die alten Brücken sehe, klingt der 2. Satz von Rachmaninows Klavierkonzert an, diesem romantischen schönen Konzert. Diesen Satz verbinde ich mit den Quellen, dem langsam fließenden Wasser, den Vögeln, wenn die Flöte das Thema übernimmt. Er passt, hier auf die unfassbar schönen Brücken blickend. Fragil, noch fließt das Wasser, doch es scheint im Sommer zu versiegen.

Statt des erfrischenden Wassers versteinern die Flüsse, eine Geröllmasse ohne Leben. Die Lebensader wurde durch Übernutzung zur Wüste, wie an so vielen Orten der Welt, an denen ohne nachhaltige Gedanken gearbeitet wurde.

Sicher wäre ich dir, Großvater, in den traumhaften Gärten begegnet. In deiner

7-Sprachen-Gewandtheit hast du dich hier gut geleiten lassen, und wie aus den Erzählungen hervorgeht, kanntest du allüberall die besten Lokale. Viele Reisarten, Kräuter vermischt mit Pflaumen, Granatäpfeln, Aprikosen und Quitten, alle in Safran gehüllt, und mit Zimt und Koriander serviert das Fleisch. Und dass du ein Süßer warst, hat sich bis zu mir herumgesprochen: Sholeh Zard, Ferni oder Halva, alles mit Rosenwasser verfeinert.

Dein indischer Freund hatte geschäftlich im Süden Persiens zu tun. So hattest du Zeit, immer begleitet von bewaffnetem Begleitschutz, die Basare zu durchstreifen, die Moscheen zu erkunden, in den Gärten zu lustwandeln.

Du kamst in ein Land, in dem man mit Hilfe der Briten und des Multimillionärs Wilhelm Knox D'Arcy Erdölfelder suchte. 1908 sprudelte erstes Öl, was die Welt veränderte. Viele habgierige Geschäftsleute kamen ins Spiel, lange erhielt Persien keinen Gewinn daraus. Andere hatten das Sagen. Persien wurde nicht kolonialisiert, doch im Süden wirkten die Briten im Wettstreit mit den Russen, die im Norden Einfluss gewannen.

Diese großen Weltveränderungen waren sicher auch euer Thema, neben anderen Geschäften, von denen du nichts nach Hause berichtet hast, denn zuhause konnte man diese Welt, deine Welt nicht verstehen. Die Wege waren gefährlich, und du wolltest niemanden beunruhigen. Du hattest Kinder, die inzwischen gute Internate besuchten, und die ihren Schulkameraden viele Postkarten mit Kamelen unter Palmen zeigen konnten.

Erst als alter Mann hast du meinem Vater, der viel später geboren wurde, von gefährlichen Reisen erzählt und von Städten, von denen dieser ein Leben lang träumte.

Im Innenhof der alten Karawanserei, heute Abbasi Hotel, fühlt man sich in einer Oase, sanfte Lautenklänge, eine kräftige Tasse Tee, ein paar neugierige dunkle Augen und das Plätschern eines Brunnens. Erst am Abend wird es lauter, als eine britische Truppe eintrifft, die Damen kleine Spitzendeckchen auf dem Haar, mangels Kopftuchs, Knickerbockerhosen. Sie fahren die Rallye Paris-Dakar, dieses Mal nicht durch die Wüste Afrikas. Die Iraner amüsieren sich, von Sittenpolizei keine Spur.

Wenn man über die imposante Khadju-Brücke geht, ist im Gewölbe der anderen Seite das gemütliche Khajoo Café mit bunten Fenstern. Ich hatte mir in Zürich im Flughafen Macadamianüsse mit Schokoladenüberzug, edle einzeln verpackte Kugeln in großer Pralinenschachtel, mitgenommen, was auf dem Flug nach Shirāz für Schwierigkeiten sorgte, da man bei einer Kofferkontrolle Schnapspralinen vermutete. Mein Vorschlag, zu probieren, kam gar nicht gut an. Aber am Abend in diesem schönen gut besuchten Café ließ ich zur Freude vieler die Schachtel kreisen und dachte an dich, Großvater.

33 Bögen hat die Si-o-se Pol Brücke, in der Abendbeleuchtung erstrahlt sie unwirklich schön. Stromabwärts findet sich die älteste Brücke Pol-e Shahrestan, die Steinpfeiler aus dem 3. Jahrhundert nach Christus tragen.

Ich konnte am Abend unbehelligt am Fluss wandeln, über die Brücken ziehen, Brücken in mein Leben bauen. Die alte Kultur aufsaugend, neue Gedanken für mein Leben finden, Wege tun sich auf.

Das Wunderwerk – die Imam Moschee

Über das hohe Eingangsportal mit Stalaktitendecke, blauen Fayencen, Blüten und kalligraphischen Inschriften über dem rotbraunen Marmor des oberen Bogenfeldes, gekrönt von zwei schlanken Minaretten, kommt man vom großen Platz in die Königsmoschee. Man hat Zeit, sich zu sammeln, denn durch eine Achsenverschiebung von 45 Grad wird man gen Mekka gelenkt, um durch den Nordliwan in einen traumhaften Innenhof zu gelangen, ein rechteckiger Hof mit großem Wasserbecken tut sich auf. Die Schönheit dieses Hofes mit den vier Liwanen spiegelt sich im Wasser. Im geometrischen Mittelpunkt das Wasser, in dem sich die vier Paradiesgärten des Koran spiegeln und der Himmel – ein Ort der Verbundenheit von Himmel und Erde. Umgeben von Bögen und Nischen, von tausenden Blüten und Ornamenten, Arabesken, vereinzelt nimmt man auch Vögel und Gazellen wahr. Die Moschee schwebt über dem Wasser, als umgebe sie ein mystischer Hauch, ein Flüstern des Paradieses.

Man möchte so gerne die kalligraphischen Inschriften der Liwane lesen können. „Auf dass Gott seine Gnade an dir vollende, und dich leite auf dem richtigen Weg, auf dass er dir beistehe mit mächtiger Hilfe … er bringe die Gläubigen beiderlei Geschlechts in Gärten, welche Wasserbäche durchströmen …“ Aus der Sure 48.

Und glücklich wird man eingelassen in das Innere der Moschee in die blaue Kuppel, nun umhüllt vom Blau, an den Wänden über dem braunen Marmorsockel mit gelben Blütenranken 40 Meter hinaufgezogen, behütet. Die äußere Kuppel spiegelt einen Lebensbaum, ein Geflecht von Ästen mit Blättern und Blüten, darüber nur das Himmelsgewölbe.

Vom Westliwan führt ein überwölbter Gang zum begrünten Garten der Medrese. Unter dem Blätterdach in Grün, der Farbe der Propheten, überwältigt von der Symmetrie der Gebetsstätte, in Licht und Schatten, in der Farbensymphonie, der Polychromie der Fayenceornamentik der Spiegel des Paradieses und über allem: „Gott ist Licht."

Plotin, der Philosoph, in Ägypten geboren, in Alexandria belehrt, mit dem römischen Heer aufgebrochen nach Persien, um Zugang zur persischen und indischen Philosophie zu erlangen, dann Römer geworden, schreibt in seinen Enneaden im wunderschönen Text über das Schöne: „Schön sein bedeutet, für die sichtbaren Dinge und überhaupt für alles andere, symmetrisch sein, Maß in sich haben." Man muss „sehend sein mit dem Vermögen, mit dem die Seele derartige Dinge schaut, und wenn man sie erblickt, weit mehr als bei dem sinnlich Schönen sich freuen, entzückt und gepackt sein, denn dann rührt man an das eigentliche Schöne."

Ich wünschte, heutige Künstler und Architekten würden sich das nur ein wenig zu eigen machen.

Sein Denken prägt die christliche Philosophie, wie auch das jüdische und islamische Denken. Das eine Gute ist die höchste Lichtquelle. Aus ihr geht der göttliche Geist wie das Licht aus der Sonne hervor.

Und so hat man, hinaustretend auf den Maidan mit den vielen Menschen und Bazaren, der Geschäftigkeit des Handelns ein Stück ins Paradies sehen können, um es in den Alltag zu tragen.

Unweit des Schahpalastes lustwandelt man durch eine Fülle von Blumen und unter Blätterdächern, die all die Freude der orientalischen Gartenanlagen hervorrufen. Die Farben, die Düfte, die Vögel, aus den Gärten übernommen, beflügelten die Kunst, die Miniaturmalerei. Tschehel Sotun mittendrin, der Vierzig-Säulen-Palast. Zwanzig Zypressenholzsäulen spiegeln sich im großen Wasserbecken. Im Innern erzählen zahlreiche Fresken Geschichten vom Leben der Fürsten, von Schlachten, großen Banketten und nicht zuletzt von den Schönen und Verliebten. Geneigten Hauptes zugewandt reichen die Damen in edlen Gewändern und mit Perlen im Haar goldene Becher aus goldenen Karaffen. Miniaturen und Schätze aus reichen Zeiten.

Ich konnte Friedrich, meinem Großvater, nicht wirklich nahekommen, doch ich konnte ihn treffen und mich ein wenig mit ihm unterhalten. Ich konnte seine große Freude am Reisen im Osten nachvollziehen und nacherleben, mit ihm teilen, seine Hochachtung vor den alten Kulturen erspüren.

Ich möchte ihm einen Brief schreiben in schönster persischer Kalligraphie, ja ausgerechnet ich, mit meiner unleserlichen Schrift. Ich möchte ihn mit Arabesken schmücken, Blütenranken rund um die Schrift. Ich möchte ihm so gerne viele Fragen stellen, vielleicht wäre er einmal zuhause und hörte zu.

Ich möchte mich so gerne im Sommer auf eine Bank in der Lichtenthaler Allee setzen, ich würde ihm bis spät in die Nacht zuhören.

Yazd in der Wüste

Es gibt Orte, da ist dem Auge alles neu. So ein Ort ist Yazd in der Wüste. Die 700 Lehmhäuser im historischen Zentrum mit ihren Windtürmen, die Feuertempel, schlanke Minarette, die Gassen, die Herstellung der Brokatstoffe. Daneben eine bekannte medizinische Fakultät. Frohe junge Menschen gehen durch die Gassen, Schulkinder mit Büchern unterm Arm, hübsche Frauengesichter nicken der Fremden zu.

In der Familie gibt die Frau den Ton an. Kommt man an die Universitäten, strömen einem die jungen Frauen entgegen, sie haben große Schwimmhallen, Sportstätten, doch zu den Olympischen Spielen dürfen sie nicht gehen. Sie bekleiden angesehene Berufe, sind Ärztinnen und Juristinnen, Universitätslehrerinnen, aber in allen Lebensentscheidungen sind sie vom Mann abhängig. In dieser wachsenden Diskrepanz von im Außenraum oft schwarz umhüllten und im Innenraum selbstbewusst agierenden Frauen sowie in der Verknüpfung von Politik und strafender Religion liegt der Sprengstoff. Und so sehen wir eine Revolution der Frauen, die lange nicht nur ums Kopftuch geht. Längst haben sich auch junge Männer und Väter angeschlossen und es geht um viel mehr als um Frauenrechte, es geht in einem hochgebildeten Volk um Mitsprache in Freiheit – und die Frauen werden gewinnen.

In einem nahen kleinen Wüstenlehmdorf buken mir Frauen an den Innenwänden eines Lehmofens im Gärtchen köstliches Fladenbrot, und ich dankte mit meinen wenigen Wörtern Farsi, *motašakkeram*, und mit Händen und Füßen. Sie umarmten mich, bevor ich weiterging, und sprachen einen Segen aus.

In der Wüste werden die Gedanken frei. Ob in der Wüste Afrikas, in Persien oder bei Sonnenaufgang am Zabriskie Point über dem Death Valley: Die Wüste lässt klein werden, leise werden, sie ist so vielfältig, sie ist bunt.

Sie ist der Ort der Propheten, von jeher verändert sie den Menschen. Aus ihr zurückkommend hat sich etwas in dir verrückt und vieles nichtig gemacht.

Du erblickst in der Ferne eine Windstaubsäule aus dem Nichts, bald prasselt der Sand über das Auto, ob es standhalten kann? Umhüllt von Körnchen, den Atem angehalten, dahinter ist die Luft klar, nur die Straße verweht. Als hätte man in dicken Decken am Straßenrand gekauert, schüttelt man das Erlebte ab, fährt weiter, und die Wüste blüht.

Persepolis, der magische Ort

Wenn Isfahān, die späte Renaissancestadt, die quirlige Stadt, ein Ort der orientalischen Wohlgerüche und bunten Geschäfte ist, so ist die einstige alte Residenzstadt, heute ein schlafendender Ort, ein verträumtes Weltwunder, das der Fantasie so viel freien Raum gibt.

Persepolis, der Mittelpunkt eines Weltreiches, die prächtige Residenzstadt; Hierher mussten alle kommen, um ihren Tribut zu zahlen. Die Achämenidenkönige Darius und Xerxes haben Prachtbauten, Repräsentationshallen und Wohnpaläste bauen lassen. Kommst du heute dorthin, fühlst du dich am Ende der Welt, weit weg von jeder Zivilisation. Hier begegnet dir die Vergänglichkeit eindringlich und erhaben.

Darüber schwebt der geflügelte Gott Ahura Mazda. Blickt man an den Toren empor, ist er dort auch dargestellt. Sein Prophet ist Zarathustra oder Zoroaster, der zwischen dem 2. und 1. Jahrtausend gelebt haben soll. Gut und Böse, Licht und Dunkelheit, gutes Denken und gutes Tun. Mit ihm kamen die Engel in die Religionen, die Rechtschaffenheit und

Gerechtigkeit sowie Riten. Diese alte Religion hat Kultur und Religiosität des Judentums, des Christentums und des Islam beeinflusst, mit seinen Feuerriten entflammt.

Über eine breite reliefverzierte Treppe gelangt man in die schwindelig-hohe Vorhalle, das Apadana. Die Reliefs entlang der Stufen, die hinaufführen, zeigen Geschenkebringende aus 28 Nationen, 600 vor Christus in Stein gemeißelt. Einst farbig, verblüffen sie durch Vollkommenheit, als hätte die lange Zeit ihnen keinerlei Abbruch getan. Und der Kundige kann dir genau erzählen, welches der Armenier mit Baschlykmütze ist, der Syrer, der Inder, der Elamer, alle mit ihren typischen Geschenken in Händen, der Parther mit goldenen Schalen und Kamel. Und mit ihnen schreitet man über die Prachttreppe hinauf in die 60 Meter breite quadratische Säulenhalle. Auf 36 Säulen, jeweils 20 Meter hoch, saßen als Kapitelle einst riesige Greifvögel, Stiere und Löwen. Heruntergefallen kauern sie nun auf der Erde, menschengroß, handzahm. Diese Empfangshalle ließ die Vertreter der Länder klein erscheinen angesichts der Größe der Achämeniden. Dareios, der Erbauer, Xerxes, der Weiterregierende. Man verarbeitete Zedernholz aus dem Libanon,

Ebenholz aus Ägypten, Elfenbein aus Indien, neben Gold und Lapislazuli.

Durch das Tor der Könige kommt man in den Palast des Darius und in die 100-Säulen-Halle, dem Thronsaal. Die Anbauten des Xerxes lassen die riesige Palastanlage anschwellen, deren Gründungsurkunde auf Ahura Mazda, den alleinigen Gott, hinweist mit der Bitte, den Palast zu schützen. Die Inschriften sind teilweise dreisprachig, altpersisch, elamisch und babylonisch.

„Ein großer Gott ist Ahura Mazda, der diese Erde schuf, der jenen Himmel schuf, der den Menschen schuf, der die Freude schuf für die Menschen."

Die Astronomen hatten die Ausrichtung der riesigen Palastanlage berechnet. Am 21. März, dem Beginn des Jahres, da es der Beginn des Frühlings ist, fällt die Sonne durch das Tor der Länder. Dann wird ein großes Fest gefeiert.

Alexander hat den Palast noch gesehen, dann ging er in den Flammen unter – auf seine Anordnung hin oder nicht, zur Vergeltung der Zerstörung der Akropolis durch die Perser?

Die 30 000 Tontafeln, die der Palast neben den großen Schatzkammern barg, wurden durch das Feuer gehärtet und erfreuen die Archäologen in ihrer Geschichtsschreibung durch die Jahrhunderte.

Der Wüstensand hat das Welterbe konserviert.

Ich fühlte mich am Ende der Welt, neben Steinlöwen und Greifvögeln, höchstens 10 Menschen in dieser riesigen Palastanlage, irgendwie war ich froh, dass sie seit Alexander niemand mehr erobert hat, wissend, dass diese tiefgreifenden Eindrücke nur mir gehören, und ich in Gedanken immer wieder an diesen einmaligen Ort, tempelgleich, zurückkehren werde.

Von hier grüße ich meine Kinder und die wunderbaren Menschen, die mich umgeben. Hier, herausgefallen aus der Zeit, ist die Geschichte in jedem Sandkorn erlebbar.

An diesem Ort trafen sich Menschen aus so vielen Ländern, sie waren weit gereist; zuhause blieben die Familien und bangten um ihre Väter. Man erwartete die zurückkommenden Karawanen und ließ sich Geschichten erzählen. Kamele brachten die Menschen zurück von Persepolis nach Ägypten oder Babylon, und die Frauen gebaren währenddessen neue Handlungsreisende und Krieger.

Es gibt so viele Rekonstruktionen, die uns das bunte Bild der Paläste wie auch der griechischen Tempel präsentieren, doch wir sehen befremdet darauf, diese bunte Farbenpracht sind wir nicht gewohnt. Im fantastischen neugeordneten Museum in Palermo leuchten uns die roten und blauen Anstriche entgegen und in strahlendem Weiß als Gegensätze, und wir müssen sie gedanklich in das gewohnte Bild der Selinunt- und Agrigent-Tempel einbauen.

Doch die Steine haben sich wieder der Umgebung angeglichen, den kahlen Felsenbergen, wie dem Wüstensand. Ohne Dach dem Himmel nahe, klettern die Gedanken an den hohen Säulen empor: Wer hier alles stand, wer hier gelebt, zerstört hat; neben all der Größe ist der Mensch so klein.

Ich setze mich auf die Erde neben dem großen Greifvogel, vielleicht kann er mir in dieser gefühlten Unwirklichkeit etwas von den Menschen erzählen, die hier ein und aus gingen, richteten, feierten, beschlossen, liebten und gebaren, aufwuchsen und starben, eroberten und verbrannten.

Ich wäre so gerne nach Syrien auch nach Damaskus und nach Aleppo zu den nord-syrischen Klöstern gereist, der Terrorismus hat uns diese Welt unsinnig zerstört. Als Studenten fuhren viele in den 68ern nach Afghanistan, kamen mit wunderbaren Bildern von den schönen alten Häusern aus Kabul zurück, schwärmten von den Jugendlichen aus aller Welt, die sich dort trafen. In alten VW-Bussen fuhr man über den Khyberpass.

Wir saßen am Abend in der Altstadt von Tétouan am Rande des Riffs und tranken mit den Dunkelbärtigen Tee. Wir bewegten uns angstfrei an diesen Orten. Die Welt hatte sich geöffnet, und wir ließen uns darauf ein. Wir vertrauten auf Gastfreundschaft. Warum sind all diese Städte zur No-go-Area geworden, teilweise in der dunklen Drogenwelt versunken oder durch unsinnige Kriege zerstört?

Riesige Flüchtlingswellen spülen die Menschen in den Westen – zerrissen, erschüttert, traumatisiert. Unsere Ideen, sie zu assimilieren, können meist nicht wirken, denn wir haben keine Zeit, und wir können die vielen unbegleiteten Kinder nicht hegen, nicht fördern. Die Kirchen sind mit anderem beschäftigt, und es gehen ihnen die Helfer aus.

Lange Zeit kamen die kulturellen Ströme aus dem Osten. Dennoch haben wir vergessen, dass es im Mittelalter in Asien viel mehr Christen gab als in Europa, auch dank der Toleranz des Ostens. Im Christentum entstand eine Wissenschaftsfeindlichkeit mit fundamentalistischen Zügen. Der Kirchenvater Augustinus proklamierte „die Wissgier ist krank" und unterstützte die Abkehr von Philosophie und Wissenschaft. Die muslimischen Gelehrten konnten nur das Haupt schütteln. Mit den großen Mongolenstürmen fiel der Osten wie der Westen in seiner Kultur und seinem Reichtum weit zurück in vormittelalterliche Zeiten.

Die letzten 100 Jahre führten eine Destabilisierungspolitik im Nahen Osten und ein gegenseitiges Ausspielen zu großen Brüchen im internationalen Miteinander. Wo auch immer wir unsre angebliche Freiheit im Osten verteidigten, es ging nicht um Freiheit, sondern um Öl und Geld und Bodenschätze. Es führte im Nahen Osten zu Unfreiheit und extremer Verarmung.

Neue Seidenstraßen entstehen, der technische Vorsprung des Ostens baut sich aus. Ohne die fleißige Vorarbeit und die Ressourcen Chinas und Taiwans sowie den Fähigkeiten der Inder kann der Westen seine Prosperität nicht mehr halten, es entstehen neue Abhängigkeiten, es verschieben sich die wirtschaftlichen Zentren erneut in Richtung Osten.

„Oma, ist das jetzt Pessimismus?“, fragen die Enkel.

Nein, es zeichnet sich nur die Verschiebung der Gravitationspunkte ab. Von der „gelben Gefahr“ sprach mein Vater noch. Das sehe ich nicht so. Es ist ein neues Miteinander gefordert, ein Umgang auf Augenhöhe, nicht die Hybris des Westens.

200 Jahre haben die Briten Indien beherrscht, ausgebeutet, die Kultur und Identität unterdrückt. Um Kontrolle über dieses heute bevölkerungsreichste Land zu erhalten, haben sie Eliten gefördert. Die Maharadschas, Herren der großen Fürstentümer, dienten der britischen Krone, manchmal relativ unabhängig, um das Land zu regieren, aber sie förderten auch Kunst und Literatur. Langsam kommt Ordnung in das Chaos Indien, und man wird es erleben, vielleicht schneller als gedacht. Nicht zu unterschätzen ist der Kitt des Hinduismus, einer 5000 Jahre alten Religion, die Stärke und Selbstbewusstsein verschafft.

„Oma, kommt der Osten wieder?“

Ja, da bin ich mir sicher, und noch klarer ist, dass wir ihm anders begegnen müssen. Indien, die größte Apotheke der Welt, ein Land, das so viele hervorragende ITler hervorbringt.

200 Jahre wurden die Inder unterdrückt, hatten unter dem Westen zu kriechen. Wir können nicht erneut unseren Willen, unsere Vorstellungen, die sogenannten westlichen Werte überstülpen, mit

allerlei Sanktionen drohen. Das Licht kommt weiter aus dem Osten.

„Wo und wann hättest du gerne gelebt, wo würdest du eine Zeit weilen wollen?“, fragte mich vor kurzem eine Freundin, sie vermutete im alten Persien.

Ich würde gerne im Toledo des 11. Jahrhunderts aufwachen, in diesem bunten Zentrum der Wissenschaft, Philosophie und Kultur. Die Araber hatten nach ihrer Eroberung ein Konzept der Gleichberechtigung von Juden, Muslimen und Christen von religiöser Toleranz geschaffen. In der Zeit des Maimonides, des bedeutendsten jüdischen Philosophen, als das Sprachgenie Raymond von Toledo mit seinen Übersetzungen aus dem Griechischen und Hebräischen neues Denken nach Europa brachte. Auch der Arzt und Philosoph Averroes lebt eine Zeit in dieser Stadt, von Juden und Christen hochgeschätzt.

Wenn ich mich in das schöne Gärtchen der alten kleinen Moschee Cristo de la Luz setze, die wunderschöne alte maurische Fassade betrachte und weit über Stadt und Lande sehe, dann scheint das Licht des Ostens herein. Wenig später die Hufeisenbögen der Synagoge

Santa María la Blanca, strahlendes Weiß im Säulenwald.

Welch Schätze sind in dieser Stadt auf dem Hügel mit den zauberhaften Ausblicken.

Über eine lange Zeit kamen Religion, wissenschaftlicher Fortschritt und Denken, erlesene Handelsware aus dem Osten. Sie weckten Begehrlichkeiten nach fernen Schätzen, machten neugierig auf die östliche Gedankenwelt. Doch dies führte auch zu Kämpfen, Kolonisation, Ausbeutung.

Heute haben wir die Möglichkeit uns auszutauschen, uns auf Augenhöhe zu begegnen, uns gegenseitig zu achten. Wenn wir wollen, wissen wir genug übereinander, um uns gegenseitig zu schätzen.

„Es ist von großem Vorteil, dass der Mensch seinen konkreten Platz kennt und nicht glaubt, das ganze Universum sei nur für ihn da." (Moses Maimonides)

Dies gilt für Ost und West.

Nun ist bereits der Winter über das Schreiben vergangen, wir warten auf den Frühling und das neue Grün auf den Hügeln rund um unsere Stadt. Der viele Regen dieses Frühjahrs wird ein wenig den Flüssen und Wäldern helfen, doch dringlichst sollte die ganze Welt sich mehr Gedanken um Wasser und die Erde machen.

Im Park der Nachtigallen unter den Kuppeln, bei den Türmen des Schweigens, angereichert durch die vielen Anekdoten eines Herodots, bewaffnet mit Lyrikbänden unter blühenden Magnolien, geht es Ostern entgegen.

Ostern das Fest des Frühlings, „wenn die Sonne durch das Tor fällt", wenn Enkel im Garten lachend Ostereier suchen, ein frohes Fest.

„Begreife denn, dass diese deine Pracht,

dir nicht gehört und keinem deinesgleichen.

Und wisse denn, ein Spielball ist die Macht,

und wird es Nacht, musst du sie weiterreichen."

(Scheich Saadi)

Ich möchte mich bedanken

Bei meinem wunderbaren Mann, der mir auch bei diesem Buch zur Seite stand.

Bei meinen Freunden:

Klaus Zimmermann, Reisebegleiter und wunderbarer Berater

Reza Daneshvar

Elisabeth Höpf

Heidi Baumgartner

Frau Beh, die mir die Synagoge so nahebrachte

Dr. Undine Müller-Wilms.

Bei der besten Lektorin: Dr. Larissa Schieweg

sowie Herrn Michel vom Sinnbild-Verlag.

Und immer wieder bei meinen Söhnen.

Bücher, die mir wichtig sind

Bell, Gertrude: Miniaturen aus dem Morgenland: Reiseerinnerungen aus Persien und dem Osmanischen Reich im Jahre 1892. Promedia, 1997.

Brockhoff, Evamaria und Josef Jordan: Juden auf dem Lande, Beispiel Ichenhausen: Katalog zur Ausstellung in der ehemaligen Synagoge Ichenhausen-Haus der Begegnung, 9. Juli bis 29. Sept. 1991. Haus der Bayerischen Geschichte, 1991.

Cecil, Lord Edward: The Leisure of an Egyptian Official. Hodder & Stoughton, 1925.

Herodot: Historien, Kröner Verlag, 2017.

Kuhn, Peter: Stiftung Ehemalige Synagoge. Zeugnisse jüdischer Kultur in Ichenhausen, 2007.

Loti, Pierre: Reise nach Persien. DT Buchgemeinschaft, 1925.

Nizami: Die Geschichte der sieben Prinzessinnen. Manesse Verlag, 1959.

Plotin: Enneaden. Zenedot Verlagsgesellschaft, 2011.

Sackville-West, Vita: 12 Tage in Persien. Verlag Klaus Wagenbach, 2011.

Scheich Saadi: Hundertundeine Geschichte aus dem Rosengarten. Manesse Verlag, 1967.

Stierlin, Henri: Isfahān. Spiegel des Paradieses. Atlantis, 1976.

Sundermann, Werner (Hrsg.): Lob der Geliebten. Klassische persische Dichtungen. Rütten & Loening, 1983.

Szlezák, Thomas A.: Was Europa den Griechen verdankt. Von den Grundlagen unserer Kultur in der griechischen Antike. utb, 2010.

Tayefeh-Mahmoudi, Bahram: Der persische Arzt und Philosoph Avicenna (Ibn Sina): (in der Sicht der persischen Medizin- und Literaturgeschichtsschreibung. Dissertation Uni Düsseldorf, Prof. Dr. Schadewaldt, 1964.

Sinnbild-Verlag

Wir sind zwei Personen, die mitten in Leben stehen. Unter anderem verbindet uns die Tatsache, dass wir beide aus dem herkömmlichen Rahmen eines normal gelebten Lebens fallen. Das Schicksal hat unsere Freundschaft und Zusammenarbeit entstehen und uns diesen Verlag gründen lassen.

Wir bearbeiten und verlegen ausgewählte Bücher und Bildbände. Unser Ziel ist es, vornehmlich Bücher auf den Markt zu bringen, die uns selbst wichtig erscheinen. Es liegt uns daran, den Sinn des Wortes, des Bildes und der Fotografie ins Zentrum zu stellen.

Daher der Name Sinnbild.

Wir, der Sinnbild-Verlag, sind Verleger von besonderen Büchern, wir akquirieren nicht, sondern überlassen unsere Entscheidung, ein Buch oder einen Bildband zu verlegen, unserer Intuition.

Eine enge Zusammenarbeit und die offene Kommunikation mit unseren Kunden sind uns sehr wichtig.

Eine besondere Publikationsrichtung verfolgen wir nicht, die Arbeit muss für uns „Sinn“ ergeben.

Herz und Verstand in Kombination bilden das Fundament für uns, um Bücher zu verlegen. Der Profit steht nicht im Vordergrund, jedoch legen wir eine gesunde Kalkulation als Grundlage für ein neues Projekt zugrunde.

Nebelschleier legen sich auf den Strand – Christa Hüppchen

ISBN Softcover 978-3-946876-37-3

Ein Sommer im geteilten Berlin, eine deutsch-französische Begegnung zu Gast im Hause der Mendelssohns. Fragen über Fragen an eine nicht antwortende Generation – mitten im Erleben des Strudels der 68er: Blow-up, Lebensgefühl, Kunst und Kultur, Begegnungen im Garten am Herthasee unter sprechenden Bäumen unweit der Sphinxen im Grunewald. Eine Liebesgeschichte der besonderen Art.

„Mit einem verträumten, zugleich sezierenden Blick in den Spiegel der vergangenen Jahre begleitet die Autorin einen wissbegierigen Enkel durch ihr ureigenes Panoptikum deutscher Geschichte.
Darüber hinaus gestattet sie sich, auf einem freudetrunkenen Pfad einer sich anbahnenden deutsch-französischen Romanze mit zu wandeln. Eine Liebesbeziehung, die sich couragiert und hoffnungsvoll überholten Ressentiments widersetzt."

Ornithe – Christa Hüppchen

ISBN Softcover 978-3-946876-65-6

Die Autorin nimmt die Leser mit auf eine Zeitreise von Zypern zu den alten Lygos-Heiligtümern auf Samos, von den „Göttinnen" der europäischen Kultur über die Erbsünde und das Gebären hin zum modernen Frausein mit Beruf und Kindern. Bleiben die Fragen nicht über Jahrtausende dieselben?

Die Autorin reflektiert diese Themen am eigenen Lebensweg als Mutter und Ärztin, begleitet von der Liebe zur Lyrik in der Schönheit der Stadt Bologna. Der Bogen beginnt bei ihrer eigenen einzigartigen Großmutter und schließt sich in der persönlichen und kulturhistorisch farbenreichen Betrachtung bei den Enkelinnen und Enkeln. Ein Roman für alle Generationen, deren Lebenswege oszillieren zwischen gewichtigen alltäglichen Aufgaben und dem Leben mit Kunst und Kultur

Gott ist schuld – Oded Netivi

ISBN Softcover 978-3-946876-02-1

In einer nicht allzu fernen Zukunft herrscht im Nahen Osten endlich der seit langer Zeit ersehnte Frieden. Israel und die palästinensische Autonomiebehörde haben sich zu einem gemeinsamen Staatenbund zusammengerauft.

Die entsprechenden „Jerusalemer Verträge" regeln unter anderem aber auch die verschiedenen Vorschriften über eventuelle Zusammenarbeit der ansonsten unter Länderhoheit tätigen Polizeibehörden.

So kommt es zu einer Teambildung zwischen einer Polizeihauptkommissarin aus Jerusalem und einem Untersuchungsbeamten der Hauptwache von Ramallah, denn die Morde, welche aufzuklären sind, entpuppen sich als eine Art Einleitung, als „Vorgeschmack" eines riesigen terroristischen Komplotts.